SEU LIVRO É ASSIM

ABERTURA DE UNIDADE
UMA IMAGEM PARA VOCÊ APRECIAR ABRE A UNIDADE.

PRIMEIROS CONTATOS
DEPOIS DE APRECIAR A IMAGEM, VOCÊ CONVERSA COM OS COLEGAS SOBRE ELA.

ATIVIDADE PRÁTICA
VOCÊ VAI FAZER EXPERIMENTOS E DESCOBRIR MUITO MAIS SOBRE O ASSUNTO QUE ESTÁ ESTUDANDO.

MEU TEMPO, MEU LUGAR
VOCÊ VAI REFLETIR SOBRE OS LUGARES ONDE MORA, ESTUDA, PASSEIA E SOBRE AS PESSOAS COM QUEM CONVIVE.

RODA DE CONVERSA
VOCÊ VAI CONVERSAR COM OS COLEGAS SOBRE O QUE ESTÁ APRENDENDO.

REFLETINDO MAIS
ANTES DE TERMINAR CADA UNIDADE, VOCÊ VAI ENCONTRAR PROPOSTAS DIVERTIDAS PARA AMPLIAR O QUE APRENDEU.

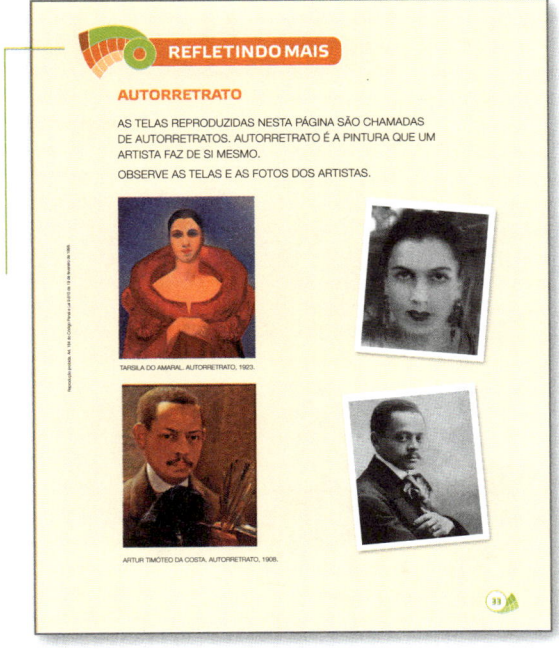

SUMÁRIO

UNIDADE 1 — SOMOS ÚNICOS ... 9

1. **SOU CRIANÇA** ... 10
   - AINDA SOU PEQUENO ... 11
   - FAÇO SOZINHO ... 12
2. **DOCUMENTOS DE IDENTIFICAÇÃO** ... 13
   - DADOS PESSOAIS ... 14
   - MINHA CERTIDÃO DE NASCIMENTO ... 15
   - FOTOGRAFIA, NOME E IDADE ... 16
3. **SENTINDO O QUE ESTÁ AO REDOR** ... 17
   - CAIXA DOS SENTIDOS ... 18
   - A PELE ... 19
   - EXPLORANDO ... 20
4. **MEU CORPO EM MOVIMENTO** ... 21
   - SIGA O MESTRE ... 22
   - OUTROS MOVIMENTOS ... 23
5. **JEITO DE SER** ... 24
   - IMAGINE E DESENHE! ... 25
   - TODO MUNDO SENTE MEDO ... 26
   - **MEU TEMPO, MEU LUGAR** ... 27
6. **FAZENDO ESCOLHAS** ... 28
   - SUA VEZ DE ESCOLHER! ... 29
   - RESOLVENDO UM PROBLEMA ... 30
   - ESCOLHENDO O QUE FAZER COM O LIXO ... 31
   - **ATIVIDADE PRÁTICA** ... 32
   - **REFLETINDO MAIS** ... 33
     - AUTORRETRATO
     - MEU AUTORRETRATO

UNIDADE 2 — CONVIVENDO NA ESCOLA ... 35

7. **ESCOLA, LUGAR DE CONVIVER** ... 36
   - AS ESCOLAS SÃO MUITO DIFERENTES ... 37
   - DIA A DIA NA ESCOLA ... 38
8. **A ESCOLA POR DENTRO** ... 39
   - O COTIDIANO NA ESCOLA ... 40
   - MUITAS PESSOAS TRABALHAM NA ESCOLA ... 41
   - **MEU TEMPO, MEU LUGAR** ... 42
9. **A BIBLIOTECA DA ESCOLA** ... 43
   - ESCOLHENDO UM ANIMAL ... 44
   - PESQUISANDO ... 45
10. **HORA DO LANCHE** ... 46
    - LANCHE SAUDÁVEL ... 47
    - PREPARANDO A LANCHEIRA ... 48
    - CORPO SAUDÁVEL ... 49
11. **AULA DE CULINÁRIA** ... 50
    - HOJE É DIA DE FAZER BOLO! ... 51
    - **ATIVIDADE PRÁTICA** ... 52
    - JOGO DOS ALIMENTOS SAUDÁVEIS
12. **OUTROS JEITOS DE TRABALHAR** ... 54
    - O QUE EU VOU SER QUANDO CRESCER ... 55
    - TRABALHO É COISA DE GENTE GRANDE! ... 56
    - MUITOS TIPOS DE TRABALHO, DIFERENTES PROFISSÕES ... 57
    - **REFLETINDO MAIS** ... 58

UNIDADE 3 — OS ESPAÇOS QUE NOS CERCAM ... 59

- **13. A MINHA RUA** ... 60
  - O QUE HÁ NA SUA RUA? ... 61
  - SE ESSA RUA FOSSE SUA... ... 62
- **14. O AMBIENTE AO MEU REDOR** ... 63
  - PERTO DE CASA ... 64
  - O QUE HÁ PELO CAMINHO? ... 65
  - AS PRAÇAS ... 66
- **15. MEUS CAMINHOS** ... 67
  - O BAIRRO ... 68
  - VAMOS TRAÇAR UM MAPA ... 69
  - O QUE HÁ NA RUA? ... 70
- **16. EU E O TRÂNSITO** ... 71
  - AS CORES DO SEMÁFORO ... 72
  - ○ MEU TEMPO, MEU LUGAR ... 73
    PLACAS DE TRÂNSITO
    PLACAS DE SINALIZAÇÃO
- **17. CUIDANDO DO AMBIENTE** ... 75
  - SEM DESPERDÍCIO! ... 76
  - O QUE FAZER COM O LIXO QUE É PRODUZIDO ... 77
  - REUTILIZANDO MATERIAIS ... 78
- **18. TRANSFORMAR PAPEL** ... 79
  - TODOS OS PAPÉIS PODEM SER RECICLADOS? ... 80
  - ○ ATIVIDADE PRÁTICA ... 81
    REAPROVEITAMENTO DE PAPEL
  - ○ REFLETINDO MAIS ... 83
    DE *BIKE* É MAIS LEGAL!
    PEDALAR COM SEGURANÇA!

UNIDADE 4 — O MUNDO EM QUE VIVO ... 85

- **19. O QUE HÁ AO MEU REDOR** ... 86
  - LOCAIS DIFERENTES ... 87
  - CONHECENDO NOVOS AMBIENTES ... 88
  - LOCAIS QUE QUERO CONHECER ... 89
  - JOGO DA VIAGEM ... 90
- **20. DE UM LOCAL A OUTRO** ... 91
  - MEIOS DE TRANSPORTE ... 92
  - POR ÁGUA, POR TERRA OU PELO AR ... 93
- **21. QUE ROUPA USAR?** ... 94
  - VAMOS VESTIR A CRIANÇA? ... 95
  - O QUE VESTIR EM UM DIA FRIO? ... 96
  - O QUE LEVAREI EM MINHA MALA? ... 97
- **22. DIA E NOITE** ... 98
  - ATIVIDADES DO DIA, ATIVIDADES DA NOITE ... 99
  - BRINCANDO COM SOMBRAS ... 100
  - SONHAR... ... 101
- **23. O LUGAR ONDE VIVEMOS** ... 102
  - O PLANETA EM QUE NÓS VIVEMOS ... 103
  - SE EU PUDESSE... ... 104
  - ○ MEU TEMPO, MEU LUGAR ... 105
    MEU PLANETA
    NOSSO VIZINHO, O SOL
- **24. CHUVA** ... 107
  - A CHUVA NA NATUREZA ... 108
  - ○ ATIVIDADE PRÁTICA ... 109
    PLANTANDO FEIJÃO
    ANOTANDO OS RESULTADOS
  - ○ REFLETINDO MAIS ... 111
  - ○ DE LEITOR PARA LEITOR ... 112

UNIDADE 1 — SOMOS ÚNICOS

PRIMEIROS CONTATOS

- VOCÊ SE PARECE COM ALGUMA DESSAS CRIANÇAS?
- O QUE ELAS TÊM EM COMUM? QUAIS AS DIFERENÇAS ENTRE ELAS?

1 SOU CRIANÇA

POR ENQUANTO SOU PEQUENO

POR ENQUANTO SOU PEQUENO,
MUITA COISA EU NÃO SEI.
EU SÓ SEI QUE ESTOU GOSTANDO
DESTE MUNDO ONDE EU CHEGUEI.

NÃO ME APRESSEM, POR FAVOR,
SEI QUE AINDA NÃO CRESCI.
MAS VEJAM QUE ESTOU TENTANDO,
ME ESPEREM QUE EU CHEGO AÍ!

PEDRO BANDEIRA. *POR ENQUANTO EU SOU PEQUENO*.
SÃO PAULO: MODERNA, 2009. P. 6, 7.

RODA DE CONVERSA

DESDE QUE NASCEU, VOCÊ CRESCEU BASTANTE! CONTE PARA SEUS COLEGAS O QUE VOCÊ APRENDEU ATÉ AGORA.

AINDA SOU PEQUENO

DESENHE ALGO QUE VOCÊ AINDA PRECISA DE AJUDA DOS ADULTOS PARA FAZER.

FAÇO SOZINHO

DESENHE ALGO QUE VOCÊ JÁ FAZ SEM A AJUDA DOS ADULTOS.

2 DOCUMENTOS DE IDENTIFICAÇÃO

ESTE É UM DOS PRIMEIROS DOCUMENTOS QUE UMA PESSOA RECEBE. OS DOCUMENTOS REGISTRAM UM POUCO DE QUEM SOMOS.

REPÚBLICA FEDERATIVA DO BRASIL
REGISTRO CIVIL DAS PESSOAS NATURAIS

CERTIDÃO DE NASCIMENTO

NOME: LUCAS BACICH MARTINS
MATRÍCULA: 232375 55 55 2011 1 00000 696 0088210 08

DATA DE NASCIMENTO POR EXTENSO: Quinze de janeiro de dois mil e onze
DIA 15 MÊS 01 ANO 2011

HORA: 10:58
MUNICÍPIO DE NASCIMENTO E UNIDADE DA FEDERAÇÃO: São Paulo, SP

MUNICÍPIO DE REGISTRO E UNIDADE DA FEDERAÇÃO: São Paulo, SP
LOCAL DE NASCIMENTO: Hospital e Maternidade São Luiz, São Paulo
SEXO: masculino

FILIAÇÃO
PAI: RENÊ MARCHESI MARTINS
MÃE: LILIAN CASSIA BACICH MARTINS

AVÓS
PATERNOS: ANTONIO DE JESUS MARTINS e DALVA MARCHESI MARTINS
MATERNOS: ANTONIO BACICH e MARGARIDA GAVRANICH BACICH

GÊMEO: Não
NOME E MATRÍCULA DO(S) GÊMEO(S): Não consta

DATA DO REGISTRO POR EXTENSO: Dezenove de janeiro de dois mil e onze
NÚMERO DA DECLARAÇÃO DE NASCIDO VIVO: 30-58599362-0

OBSERVAÇÕES E AVERBAÇÕES
Assento lavrado no livro A-143, fls. 077-V° sob n° 139751. Foi declarante o pai. Nada mais consta

RODA DE CONVERSA

VOCÊ JÁ TINHA VISTO UMA CERTIDÃO DE NASCIMENTO? SABE QUE INFORMAÇÕES ELA FORNECE?

DADOS PESSOAIS

NA TABELA A SEGUIR, REGISTRE SUAS INFORMAÇÕES PESSOAIS.

NOME: _____

_____

DATA DE NASCIMENTO: _____

LOCAL DE NASCIMENTO: _____

_____

NOME DO PAI: _____

_____

NOME DA MÃE: _____

_____

IMPRESSÃO DIGITAL:

MINHA CERTIDÃO DE NASCIMENTO

COLE, NO ESPAÇO A SEGUIR, UMA CÓPIA DE SUA CERTIDÃO DE NASCIMENTO.

DEPOIS, CIRCULE DE AZUL SEU NOME COMPLETO E, DE VERMELHO, O LOCAL, A DATA E O HORÁRIO DO SEU NASCIMENTO.

FOTOGRAFIA, NOME E IDADE

COLE SUA FOTOGRAFIA E ESCREVA SEU NOME E SUA IDADE.

MEU NOME É: _____

_____.

TENHO _____ ANOS.

3 SENTINDO O QUE ESTÁ AO REDOR

PODEMOS SENTIR TUDO O QUE ESTÁ AO NOSSO REDOR POR MEIO DOS ÓRGÃOS DOS SENTIDOS.

OUÇA A LEITURA DE UM TEXTO SOBRE OS SENTIDOS.

OS CINCO SENTIDOS

UM BELO JARDIM,
OS OLHOS PODEM VER.
O CHEIRO DAS FLORES,
O NARIZ VAI PERCEBER.
FRIO E QUENTE?
É A PELE QUE SENTE!
O GOSTO DO SORVETE
A LÍNGUA CONHECE BEM.
E O ZUMBIDO DA ABELHA?
COMO É POSSÍVEL PERCEBER?

TEXTO PRODUZIDO PELAS AUTORAS.

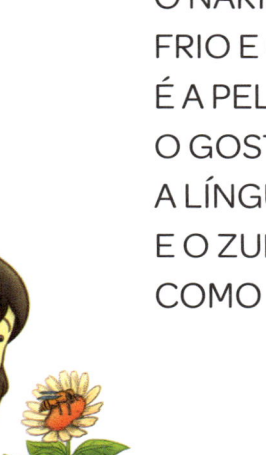

RODA DE CONVERSA

O TEXTO FAZ REFERÊNCIA A QUE PARTES DO CORPO? PARA QUE ESSAS PARTES SÃO UTILIZADAS?

CAIXA DOS SENTIDOS

BRINQUE DE ADIVINHAR COM A CAIXA DOS SENTIDOS APRESENTADA PELO PROFESSOR E REGISTRE QUE OBJETO VOCÊ ACHOU MAIS DIFÍCIL DESCOBRIR.

CONTE PARA OS COLEGAS QUAL PARTE DO CORPO VOCÊ USOU PARA DESCOBRIR O OBJETO QUE REGISTROU.

A PELE

CIRCULE A CENA NA QUAL A PELE NOS AJUDA A CONHECER MELHOR O MUNDO.

EXPLORANDO

PROCURE EM JORNAIS E REVISTAS IMAGENS DE OBJETOS QUE PODEMOS VER E OUVIR.

COLE-AS DE ACORDO COM O ÓRGÃO DO SENTIDO MAIS UTILIZADO EM CADA SITUAÇÃO.

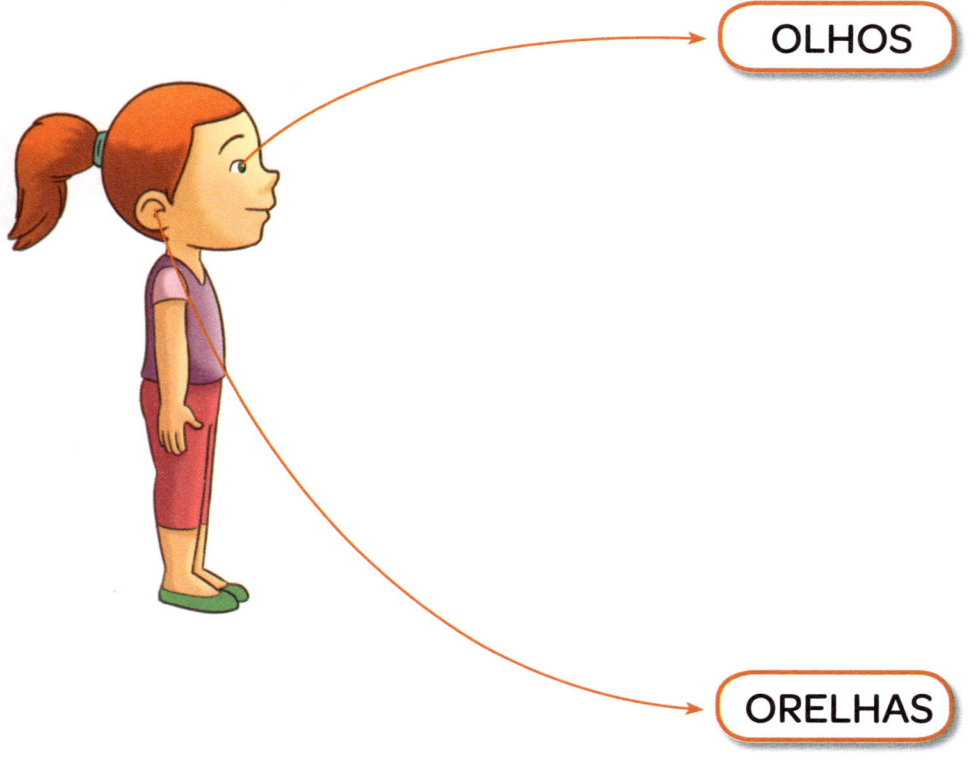

4 MEU CORPO EM MOVIMENTO

O QUE AS CRIANÇAS REPRESENTADAS NA TELA ESTÃO FAZENDO?

CANDIDO PORTINARI. *MENINOS NA GANGORRA*, 1960.

RODA DE CONVERSA

VOCÊ CONSEGUE FAZER MOVIMENTOS COMO OS QUE ESSAS CRIANÇAS ESTÃO FAZENDO?

SIGA O MESTRE

QUE TAL BRINCAR DE SIGA O MESTRE? OUÇA AS INSTRUÇÕES DO PROFESSOR. DEPOIS DE BRINCAR, DESENHE O MOVIMENTO QUE MAIS GOSTOU DE FAZER.

OUTROS MOVIMENTOS

ESCOLHA UM COLEGA PARA PARTICIPAR DO JOGO DOS MOVIMENTOS. VOCÊS VÃO PRECISAR MONTAR O DADO DA FICHA 1 E DE DOIS BOTÕES PARA PERCORRER O CAMINHO DO JOGO.

5 JEITO DE SER

CADA PESSOA TEM UM JEITO DE SER, DE AGIR E DE SENTIR.

CAMILO GOSTA DE MACARRÃO, JÚLIO PREFERE ARROZ COM FEIJÃO.

VALENTINA GOSTA DE BRINCAR DE CARRINHO. CAIO E JOÃO, DE BLOCOS DE MONTAR.

PAULO DESENHA BEM E LUCAS SABE TOCAR UM INSTRUMENTO.

QUAL É O SEU ALIMENTO PREFERIDO?
CONTE PARA OS COLEGAS DE QUE VOCÊ GOSTA DE BRINCAR.

IMAGINE E DESENHE!

IMAGINE AS SITUAÇÕES QUE O PROFESSOR VAI LER. ENTÃO, DESENHE-AS E PINTE-AS.

SE EU FOSSE UM ANIMAL, EU QUERIA SER

SE EU FOSSE UMA COR, EU QUERIA SER

TODO MUNDO SENTE MEDO

OUÇA UM TEXTO SOBRE MEDO.

O MEDO DO MENINO

QUE BARULHO ESTRANHO,
VEM LÁ DE FORA,
VEM LÁ DE DENTRO?!

[...] SERÁ FANTASMA
OU ALMA PENADA?
SERÁ BICHO FURIOSO
OU BARULHINHO DE NADA?

[...] E O MENINO ENCOLHE,
FICA TODO ENROLADINHO.
E SE EMBRULHA NAS COBERTAS,
ENFIA A CABEÇA NO TRAVESSEIRO
E DEVAGAR, DEVAGARINHO,
SEM SEGREDO,
VEM O SONO
E SOME O MEDO.

ELIAS JOSÉ. *JOGO DA FANTASIA*.
SÃO PAULO: PAULUS, 2003.

DO QUE O MENINO DO TEXTO TEM MEDO? CONVERSE COM OS COLEGAS SOBRE AQUILO DE QUE VOCÊS SENTEM MEDO.

MEU TEMPO, MEU LUGAR

COMPLETE O ROSTO DA CRIANÇA. DEPOIS, DÊ UM NOME PARA ELA.

6 FAZENDO ESCOLHAS

TODOS OS DIAS VOCÊ ESCOLHE O QUE VAI FAZER. NEM SEMPRE ISSO É FÁCIL, MAS CADA PESSOA TEM UM JEITO DIFERENTE DE DECIDIR. OUÇA UM TEXTO SOBRE ESCOLHAS.

VOCÊ TROCA?

[...]
VOCÊ TROCA UM GATO CONTENTE
POR UM PATO COM DENTE?

[...]
VOCÊ TROCA UM COELHO DE CHINELO
POR UM JOELHO DE COGUMELO?
[...]

EVA FURNARI. *VOCÊ TROCA?* SÃO PAULO: MODERNA, 2012. P. 4, 5, 8 E 9.

VOCÊ ACHA FÁCIL OU DIFÍCIL TER DE FAZER ESCOLHAS? POR QUÊ?

SUA VEZ DE ESCOLHER!

IMAGINE QUE VOCÊ VAI DORMIR NA CASA DE PARENTES E QUE PRECISA ARRUMAR UMA MOCHILA COM TRÊS ITENS APENAS.

ENTRE ESTAS FIGURAS, ESCOLHA OS ITENS QUE VAI COLOCAR NA MOCHILA. CIRCULE-OS.

EXPLIQUE PARA SEUS COLEGAS E O PROFESSOR POR QUE VOCÊ FEZ ESSAS ESCOLHAS.

RESOLVENDO UM PROBLEMA

ERA HORA DO RECREIO. ISABELA QUERIA JOGAR BOLA COM ALGUNS COLEGAS NO PÁTIO DA ESCOLA. PAULO E SEUS COLEGAS QUERIAM PULAR CORDA NO MESMO ESPAÇO.

SE VOCÊ ESTIVESSE BRINCANDO COM ELES, O QUE FARIA PARA RESOLVER ESSA SITUAÇÃO? REGISTRE SUA RESPOSTA E DEPOIS CONTE-A PARA OS COLEGAS.

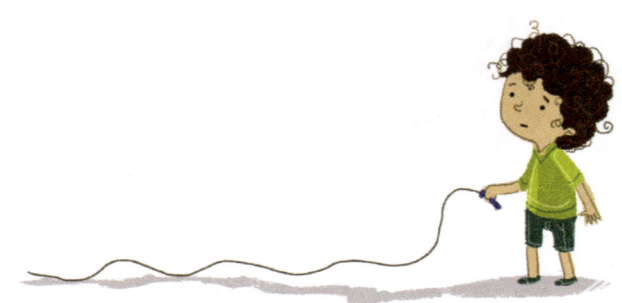

ESCOLHENDO O QUE FAZER COM O LIXO

FERNANDO E JÚLIA COMERAM UM DELICIOSO LANCHE. O QUE ELES DEVEM FAZER COM AS EMBALAGENS VAZIAS E O RESTO DE COMIDA?

AJUDE-OS A DECIDIR, LIGANDO CADA LIXO À LIXEIRA EM QUE DEVE SER JOGADO.

ATIVIDADE PRÁTICA

VOCÊ E SEUS COLEGAS VÃO CONSTRUIR LIXEIRAS DE GARRAFA PET COM A AJUDA DE UM ADULTO.

VOCÊS PODERÃO UTILIZÁ-LAS NA SALA DE AULA OU EM OUTRO LOCAL DA ESCOLA.

DO QUE VOCÊS VÃO PRECISAR

GARRAFAS PET DE 3 LITROS.

TINTA PARA PLÁSTICO.

PINCEL.

FITA ADESIVA.

COMO FAZER

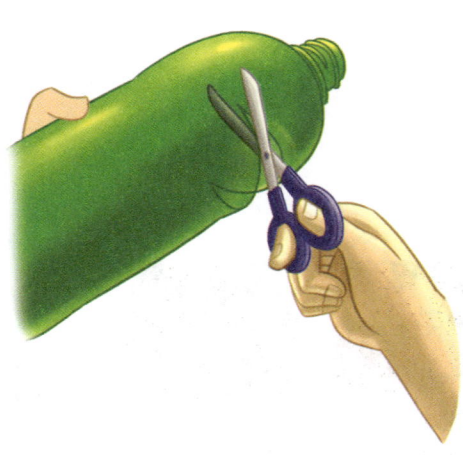
UM ADULTO CORTA A PARTE DE CIMA DA GARRAFA E APLICA FITA ADESIVA.

PINTE A PALAVRA **LIXO**.

PRONTO, AGORA É SÓ USAR A LIXEIRA.

REFLETINDO MAIS

AUTORRETRATO

AS TELAS REPRODUZIDAS NESTA PÁGINA SÃO CHAMADAS DE AUTORRETRATOS. AUTORRETRATO É A PINTURA QUE UM ARTISTA FAZ DE SI MESMO.

OBSERVE AS TELAS E AS FOTOS DOS ARTISTAS.

TARSILA DO AMARAL. AUTORRETRATO, 1923.

ARTUR TIMÓTEO DA COSTA. AUTORRETRATO, 1908.

REFLETINDO MAIS

MEU AUTORRETRATO

COLE SUA
FOTO AQUI

COLE UMA FOTO SUA.

OBSERVE-A BEM E FAÇA UM AUTORRETRATO ABAIXO.

7 ESCOLA, LUGAR DE CONVIVER

NA ESCOLA, APRENDEMOS A CONVIVER.

ESCOLA INDÍGENA SATERÊ-MAUÉ, EM MANAUS, AMAZONAS.

RODA DE CONVERSA

EXISTE ALGO SEMELHANTE ENTRE A ESCOLA DESSA FOTO E A QUE VOCÊ ESTUDA?

POR QUE TODAS AS CRIANÇAS DEVEM IR À ESCOLA?

AS ESCOLAS SÃO MUITO DIFERENTES

E A SUA ESCOLA, COMO É? DESENHE-A.

DIA A DIA NA ESCOLA

DESENHE COMO SÃO OS SEGUINTES MOMENTOS DE SUA ROTINA NA ESCOLA.

8 A ESCOLA POR DENTRO

NA ESCOLA HÁ ESPAÇOS PARA DIFERENTES ATIVIDADES.

RODA DE CONVERSA

A ESCOLA EM QUE VOCÊ ESTUDA TEM ESPAÇOS PARECIDOS COM OS QUE APARECEM NESSA FIGURA? QUAL É O SEU ESPAÇO PREFERIDO NA ESCOLA?

O COTIDIANO NA ESCOLA

OBSERVE AS CENAS E COLE O ADESIVO COM O NOME CORRESPONDENTE AO ESPAÇO DA ESCOLA ONDE ESSAS ATIVIDADES COSTUMAM SER PRATICADAS.

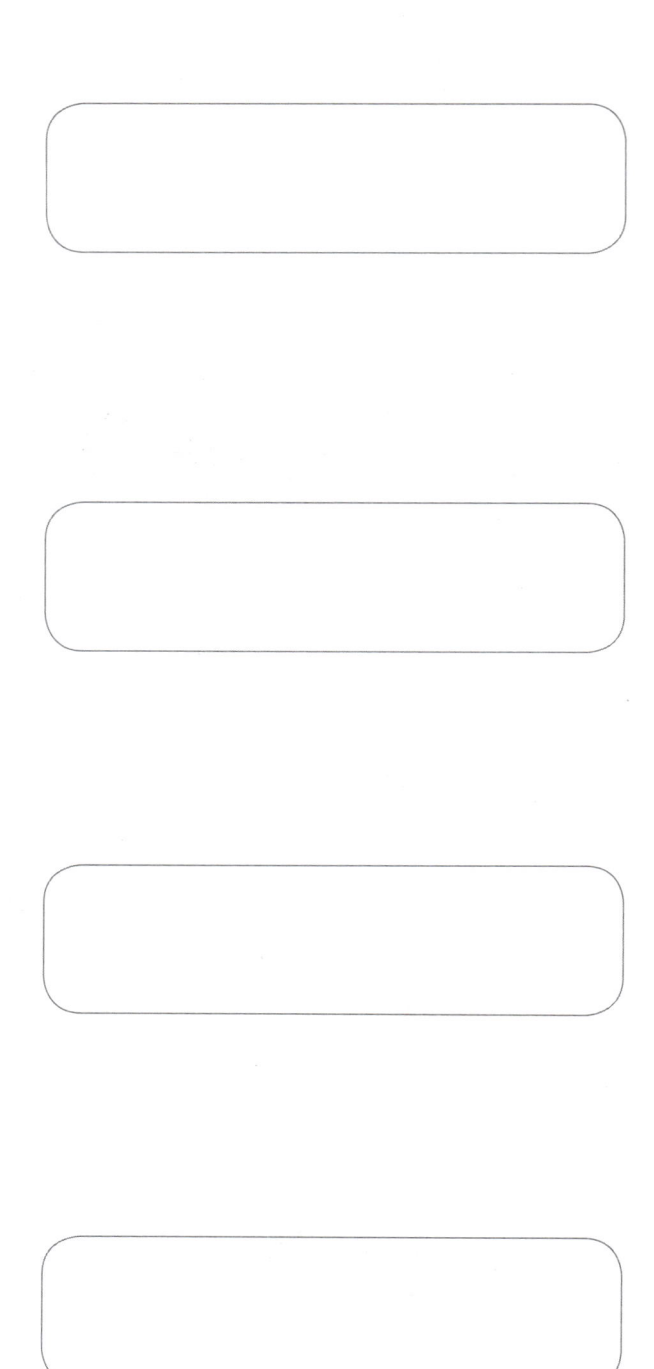

MUITAS PESSOAS TRABALHAM NA ESCOLA

VOCÊ SABE A PROFISSÃO DAS PESSOAS QUE TRABALHAM NA ESCOLA? CONVERSE COM OS COLEGAS PARA DESCOBRIR.

É A PESSOA QUE CONTA HISTÓRIAS, PROPÕE BRINCADEIRAS E ATIVIDADES AOS ALUNOS DIARIAMENTE.

É RESPONSÁVEL POR PREPARAR OS ALIMENTOS.

É O PROFISSIONAL QUE CUIDA DA LIMPEZA.

É A PESSOA QUE ABRE O PORTÃO, RECEBE OS ALUNOS NA ENTRADA E OS ORIENTA NA SAÍDA.

VOCÊ CONHECE OUTROS PROFISSIONAIS QUE TRABALHAM NA ESCOLA? QUAIS?

MEU TEMPO, MEU LUGAR

QUE MATERIAIS VOCÊ USA NA ESCOLA? CIRCULE.

LIGUE OS OBJETOS QUE CIRCULOU À FUNÇÃO DELES.

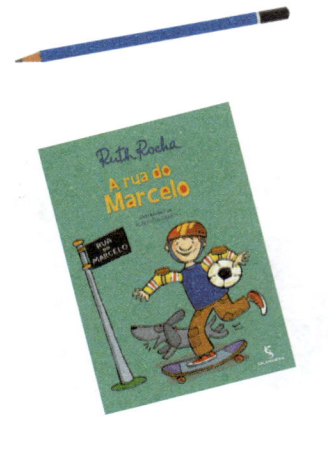

- RECORTAR
- PINTAR
- APAGAR
- ESCREVER
- APONTAR LÁPIS
- LER
- COLAR

9 A BIBLIOTECA DA ESCOLA

PEDRO E JOANA ESTÃO PESQUISANDO SOBRE ANIMAIS QUE VIVEM NO MAR. ELES ENCONTRARAM MUITAS INFORMAÇÕES INTERESSANTES.

RODA DE CONVERSA

VOCÊ CONHECE ALGUMA BIBLIOTECA? QUANDO UTILIZAMOS UMA BIBLIOTECA?

ESCOLHENDO UM ANIMAL

NA PESQUISA QUE FIZERAM, PEDRO E JOANA DESCOBRIRAM MUITAS INFORMAÇÕES SOBRE TARTARUGAS MARINHAS.

DESENHE OU ESCREVA O NOME DE UM ANIMAL SOBRE O QUAL GOSTARIA DE PESQUISAR E COMPARTILHE COM OS COLEGAS.

PESQUISANDO

VOCÊ E SEUS COLEGAS VÃO FAZER UMA PESQUISA NA BIBLIOTECA, EM LIVROS OU NA INTERNET.

REGISTRE AQUI O QUE MAIS GOSTOU DE DESCOBRIR EM SUA PESQUISA.

10 HORA DO LANCHE

SEU PROFESSOR VAI LER UM TEXTO SOBRE ALIMENTOS.

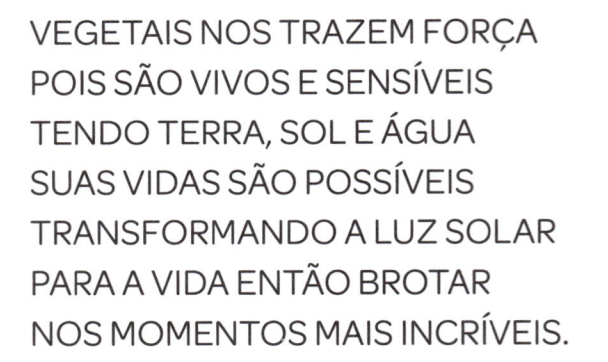

VEGETAIS NOS TRAZEM FORÇA
POIS SÃO VIVOS E SENSÍVEIS
TENDO TERRA, SOL E ÁGUA
SUAS VIDAS SÃO POSSÍVEIS
TRANSFORMANDO A LUZ SOLAR
PARA A VIDA ENTÃO BROTAR
NOS MOMENTOS MAIS INCRÍVEIS.

ENTÃO COMA À VONTADE
E DESCUBRA SEUS COSTUMES
COM VERDURAS E COM FRUTAS
COM SEMENTES E LEGUMES
UM DESFILE DE MIL CORES
DE TEXTURAS E SABORES
DE ALEGRIAS E PERFUMES.

CÉSAR OBEID. RIMAS SABOROSAS.
SÃO PAULO: MODERNA, 2009. P. 12.

RODA DE CONVERSA

QUE ALIMENTOS SÃO MENCIONADOS NESSE POEMA? VOCÊ COSTUMA CONSUMIR ESSES ALIMENTOS?

LANCHE SAUDÁVEL

FRUTAS, VERDURAS E LEGUMES FAZEM BEM À SAÚDE!

ANTÔNIO SEMPRE CONSOME UMA FRUTA OU LEGUME NO HORÁRIO DO LANCHE DA ESCOLA.

VOCÊ CONSEGUE ADIVINHAR DO QUE SÃO FEITOS OS LANCHES A SEGUIR?

CONTE SUAS DESCOBERTAS PARA OS COLEGAS E CIRCULE O LANCHE QUE VOCÊ COMERIA.

PREPARANDO A LANCHEIRA

MARINA E SUA MÃE VÃO PREPARAR O LANCHE QUE ELA VAI LEVAR À ESCOLA.

AJUDE MARINA A ESCOLHER ALIMENTOS SAUDÁVEIS. PESQUISE EM REVISTAS, RECORTE E COLE FOTOS DESSES ALIMENTOS SOBRE A IMAGEM DA LANCHEIRA.

CORPO SAUDÁVEL

PARA CRESCER, PRECISAMOS CONSUMIR ALIMENTOS SAUDÁVEIS, BEBER ÁGUA E PRATICAR ATIVIDADES FÍSICAS.

OBSERVE AS CENAS E CIRCULE AQUELAS EM QUE AS CRIANÇAS DEMONSTRAM ATITUDES SAUDÁVEIS.

CONVERSE COM OS COLEGAS SOBRE AS CENAS QUE ESCOLHEU.

11 AULA DE CULINÁRIA

HOJE É DIA DE AULA DE CULINÁRIA! LÍGIA E MARCELO ESTÃO PREPARANDO MASSA DE *PIZZA* COM FARINHA INTEGRAL.

RODA DE CONVERSA

O QUE ESTAS CRIANÇAS ESTÃO FAZENDO?
VOCÊ JÁ PARTICIPOU DE UMA AULA DE CULINÁRIA NA SUA ESCOLA?

HOJE É DIA DE FAZER BOLO!

A PROFESSORA ANA VAI FAZER UM BOLO DE BETERRABA COM SEUS ALUNOS.

VOCÊ JÁ COMEU BOLO DE BETERRABA? SABE QUAIS SÃO OS INGREDIENTES USADOS NA RECEITA DESSE BOLO?

DESENHE OU ESCREVA OS INGREDIENTES QUE PODEM SER UTILIZADOS PARA SE FAZER UM DELICIOSO BOLO DE BETERRABA.

ATIVIDADE PRÁTICA

AGORA, VOCÊ E SEUS COLEGAS VÃO PARTICIPAR DE UMA AULA DE CULINÁRIA.

CHEGOU A HORA DE COLOCAR A MÃO NA MASSA E PREPARAR UMA DELICIOSA RECEITA DE BOLO DE BETERRABA.

DO QUE VOCÊS VÃO PRECISAR

- 1 XÍCARA (CHÁ) DE BETERRABA CRUA RALADA
- 2 OVOS
- 1 XÍCARA (CHÁ) DE LEITE
- MEIA XÍCARA (CHÁ) DE ÓLEO
- 1 XÍCARA (CHÁ) DE AÇÚCAR
- 2 XÍCARAS E MEIA (CHÁ) DE FARINHA DE TRIGO
- 2 COLHERES (SOPA) DE FERMENTO EM PÓ

COMO FAZER

AJUDEM O PROFESSOR A COLOCAR TODOS OS INGREDIENTES NO LIQUIDIFICADOR. MENOS O FERMENTO, QUE VOCÊS COLOCARÃO DEPOIS QUE OS INGREDIENTES ESTIVEREM BEM BATIDOS.

COLOQUEM A MASSA EM UMA FÔRMA UNTADA. O PROFESSOR VAI LEVAR AO FORNO. QUANDO ESTIVER PRONTO, É SÓ SABOREAR!

JOGO DOS ALIMENTOS SAUDÁVEIS

DESTAQUE DAS FICHAS 2 E 3 AS TABELAS COM OS ESPAÇOS PARA SEREM PREENCHIDOS COM OS ADESIVOS DAS FICHAS 7 E 8. BRINQUE COM SEUS COLEGAS.

OBSERVE A TABELA ABAIXO E COMPLETE OS ESPAÇOS EM BRANCO DESENHANDO OUTROS ALIMENTOS SAUDÁVEIS QUE APARECERAM NA BRINCADEIRA.

12 OUTROS JEITOS DE TRABALHAR

ACOMPANHE A LEITURA DO TEXTO A SEGUIR.

OFÍCIOS DE CRIANÇA

SOU DELEGADO NA SEGUNDA-FEIRA

SOU BOMBEIRO NA TERÇA-FEIRA

NA QUARTA, SOU MÉDICO

ENGENHEIRO DE PRIMEIRA

É O QUE SOU NA QUINTA-FEIRA

NA SEXTA SOU PROFESSOR

NO SÁBADO, MOTORISTA

E, NO DOMINGO, GRANDE ARTISTA

NA PRÓXIMA SEMANA,

USANDO A IMAGINAÇÃO,

COMEÇO UMA NOVA PROFISSÃO!

DA TRADIÇÃO POPULAR.

RODA DE CONVERSA

VOCÊ CONHECE AS PROFISSÕES CITADAS NO TEXTO?
DE QUAL VOCÊ MAIS GOSTA?

O QUE EU VOU SER QUANDO CRESCER

DESENHE UMA PESSOA EXERCENDO UMA PROFISSÃO INTERESSANTE. EXPLIQUE POR QUE ESCOLHEU ESSA PROFISSÃO PARA DESENHAR.

TRABALHO É COISA DE GENTE GRANDE!

VOCÊ CONHECEU DIVERSAS PROFISSÕES EM QUE OS ADULTOS TRABALHAM. OUÇA A LEITURA DE UM TEXTO QUE FALA SOBRE A VIDA DE CRIANÇA.

[...]
CRIANÇA TEM QUE TER NOME,
CRIANÇA TEM QUE TER LAR,
TER SAÚDE E NÃO TER FOME,
TER SEGURANÇA E ESTUDAR.

[...]
MAS CRIANÇA TAMBÉM TEM
O DIREITO DE SORRIR.
CORRER NA BEIRA DO MAR,
TER LÁPIS DE COLORIR...

[...]
DESCER NO ESCORREGADOR,
FAZER BOLHA DE SABÃO,
SORVETE, SE FAZ CALOR,
BRINCAR DE ADIVINHAÇÃO.
[...]

RUTH ROCHA. *OS DIREITOS DAS CRIANÇAS SEGUNDO RUTH ROCHA*. SÃO PAULO: SALAMANDRA, 2014. P. 6, 12, 16.

QUAL É O ASSUNTO DESSE TEXTO?
QUE DIREITOS DAS CRIANÇAS ELE APRESENTA?

MUITOS TIPOS DE TRABALHO, DIFERENTES PROFISSÕES

RECORTE DE UMA REVISTA OU DE UM JORNAL A IMAGEM DE UM ADULTO TRABALHANDO E COLE-A AQUI.

REFLETINDO MAIS

QUE TAL CONHECER MELHOR UM PROFISSIONAL QUE TRABALHA NA SUA ESCOLA?

VOCÊ E SEUS COLEGAS VÃO ESCOLHER UM DOS PROFISSIONAIS DA ESCOLA PARA FAZER UMA ENTREVISTA.

O QUE VOCÊ GOSTARIA DE CONHECER SOBRE O TRABALHO DESTA PESSOA? REGISTRE.

UNIDADE 3 — OS ESPAÇOS QUE NOS CERCAM

RODOLPHO TAMANINI NETO. *OS CICLISTAS*, 2015.

PRIMEIROS CONTATOS

- DESCREVA O ESPAÇO REPRESENTADO.
- ESSE LUGAR PARECE COM ALGUM QUE VOCÊ CONHECE?

13 A MINHA RUA

[...] TEM RUAS QUE SÃO CALÇADAS E TEM RUAS QUE SÃO DE TERRA.
QUASE TODAS AS RUAS CALÇADAS SÃO ASFALTADAS.
SÓ POUCAS RUAS SÃO DE PEDRAS.
MINHA RUA É ASFALTADA ATÉ A ESQUINA DA AVENIDA.
DEPOIS ELA É DE TERRA. NESSE PEDAÇO TEM UM CAMPINHO DE FUTEBOL. [...]
AS CALÇADAS DA MINHA RUA SÃO UMAS DIFERENTES DAS OUTRAS.
A DA CASA DA TEREZINHA É DE PEDRINHAS BRANCAS E PRETAS.
A DA FRENTE DO APARTAMENTO DO ALVINHO É FEITA DE UNS QUADRADOS CHEIOS DE QUADRADINHOS.
A CALÇADA DA CASA DO CATAPIMBA É DE CIMENTO TODO RISCADO. É LÁ QUE AS MENINAS BRINCAM DE AMARELINHA. [...]

RUTH ROCHA. *A RUA DO MARCELO*. SÃO PAULO: SALAMANDRA, 2001. P. 5 A 13.

RODA DE CONVERSA

A RUA ONDE MARCELO MORA É ASFALTADA. E A SUA, COMO É?
DO QUE VOCÊ MAIS GOSTA NA SUA RUA?

O QUE HÁ NA SUA RUA?

PESQUISE EM REVISTAS, RECORTE E COLE FIGURAS QUE REPRESENTEM ALGO QUE EXISTE EM SUA RUA.

SE ESSA RUA FOSSE SUA...

PENSE O QUE VOCÊ GOSTARIA DE MUDAR NA SUA RUA E FAÇA UM DESENHO DO QUE IMAGINOU.

MOSTRE SEU DESENHO PARA OS COLEGAS E CONTE AS MUDANÇAS QUE SUGERIU PARA SUA RUA.

14 O AMBIENTE AO MEU REDOR

O QUE É POSSÍVEL VER EM CADA UMA DAS IMAGENS A SEGUIR? REGISTRE.

_____
_____

_____
_____

_____
_____

RODA DE CONVERSA

O QUE ESSES AMBIENTES TÊM DE PARECIDO?
E DE DIFERENTE?

PERTO DE CASA

QUAL DAS IMAGENS SE PARECE MAIS COM O QUE VOCÊ VÊ PERTO DE SUA CASA? MARQUE-A COM UM X E ESCREVA O QUE CHAMA MAIS A SUA ATENÇÃO EM CADA IMAGEM.

O QUE HÁ PELO CAMINHO?

NO CAMINHO DE CASA PARA A ESCOLA VOCÊ VÊ MUITAS COISAS. DESENHE O TRAJETO QUE VOCÊ FAZ PARA CHEGAR ATÉ A ESCOLA. NÃO SE ESQUEÇA DE DESENHAR O QUE VÊ PELO CAMINHO.

AS PRAÇAS

VOCÊ CONHECE ALGUMA PRAÇA? DESENHE O QUE É POSSÍVEL ENCONTRAR EM UMA PRAÇA.

15 MEUS CAMINHOS

[...] DE TARDE O VOVÔ SEMPRE VAI À PADARIA COMPRAR PÃO [...] A PADARIA É AQUI NO BAIRRO, SÓ TRÊS QUARTEIRÕES E QUE FICA NA RUA DO SUPERMERCADO E DA FARMÁCIA. EU NÃO SEI SE É PERTO OU LONGE, MAS NO CAMINHO A GENTE PASSA POR UMA PRAÇA BONITA QUE SEMPRE TEM CACHORROS, CRIANÇAS E ALGUNS SENHORES QUE MEU AVÔ SEMPRE CUMPRIMENTA. DEPOIS A GENTE ATRAVESSA UMA RUA MUITO GRANDE, TEM CARRO PRA TODO LADO, SEMÁFORO E TAMBÉM UMAS CASAS MUITO ALTAS E CHEIAS DE JANELAS! DEVEM SER OS PRÉDIOS! A PADARIA FICA AO LADO DO SUPERMERCADO QUE O VOVÔ TINHA DITO. E LOGO ALI FICA A FARMÁCIA, PERTINHO DA IGREJA. [...]

DISPONÍVEL EM: <HTTP://WWW.SMARTKIDS.COM.BR/TRABALHO/NOSSO-BAIRRO>. ACESSO EM: ABR. 2016.

RODA DE CONVERSA

COMO É O ENTORNO DA CASA DO MENINO? COMO SÃO OS CAMINHOS QUE VOCÊ FAZ?

O BAIRRO

O TRAJETO A SEGUIR REPRESENTA O BAIRRO DO MENINO DA HISTÓRIA QUE VOCÊ OUVIU NO COMEÇO DESTE CAPÍTULO.

COLE OS ADESIVOS DA FICHA 6 PARA COMPLETAR A PAISAGEM DO BAIRRO DELE.

VAMOS TRAÇAR UM MAPA

PENSE EM UM PERCURSO PRÓXIMO A SUA CASA. QUE ELEMENTOS VOCÊ VÊ NO ENTORNO? FAÇA UM DESENHO E MOSTRE PARA OS COLEGAS.

O QUE HÁ NA RUA?

OUÇA A LEITURA DE CADA FRASE A SEGUIR E MARQUE NA CENA OS ELEMENTOS CITADOS NELAS. DEPOIS, PINTE O DESENHO.

O CARRO ESTÁ AO **LADO** DA CALÇADA.

O POMBO ESTÁ **EM CIMA** DO SINAL DE TRÂNSITO.

ENTRE AS ESQUINAS HÁ DUAS RUAS.

O PEDESTRE ESTÁ **EM FRENTE** A UMA CASA

16 EU E O TRÂNSITO

NAS RUAS, ENCONTRAMOS DIVERSOS TIPOS DE SINALIZAÇÃO. OBSERVE OS SINAIS DE TRÂNSITO A SEGUIR.

RODA DE CONVERSA

PARA QUE SERVEM SINAIS DE TRÂNSITO COMO ESSES?
O QUE SIGNIFICAM AS CORES NESSES SINAIS?

AS CORES DO SEMÁFORO

PINTE A COR QUE CORRESPONDE A CADA LEGENDA.

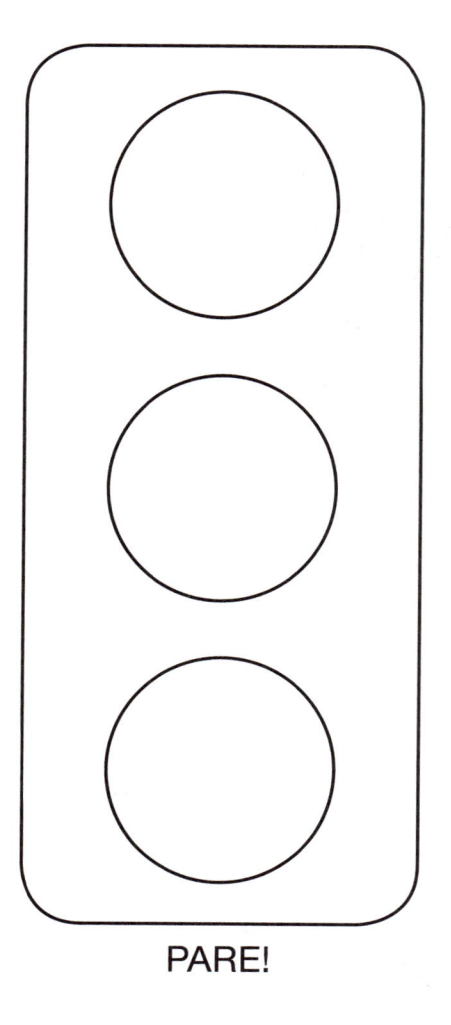

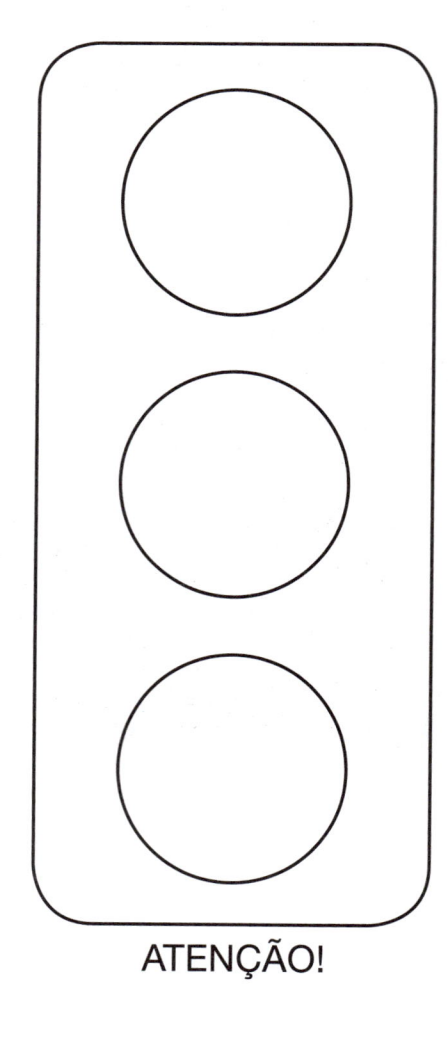

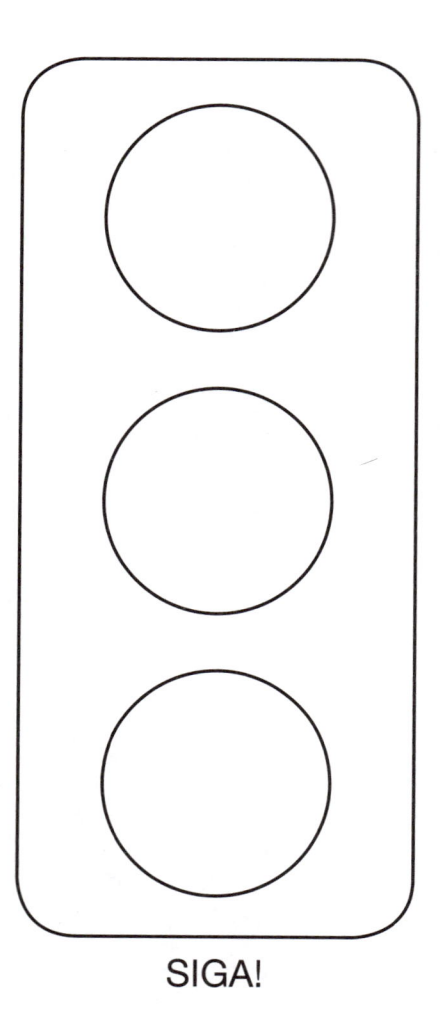

PARE!

ATENÇÃO!

SIGA!

MEU TEMPO, MEU LUGAR

PLACAS DE TRÂNSITO

VOCÊ JÁ VIU PLACAS COMO ESTAS? O QUE VOCÊ ACHA QUE ELAS SIGNIFICAM?

> **MEU TEMPO, MEU LUGAR**

PLACAS DE SINALIZAÇÃO

AGORA VOCÊ VAI CRIAR UMA PLACA DE SINALIZAÇÃO.

MOSTRE-A PARA SEUS COLEGAS E PEÇA QUE DIGAM QUAL É A FUNÇÃO DELA.

17 CUIDANDO DO AMBIENTE

PARA CUIDAR DO AMBIENTE, DEVEMOS PENSAR PRIMEIRO SOBRE O LIXO QUE PRODUZIMOS EM CASA.

OBSERVE ESTAS CENAS E DESENHE ALGO QUE VOCÊ JOGA NO LIXO.

RODA DE CONVERSA

O QUE AS PESSOAS DESSAS CENAS ESTÃO FAZENDO?

SEM DESPERDÍCIO!

MARIANA TEM MUITOS BRINQUEDOS E OBJETOS ESCOLARES QUE NÃO USA MAIS.

CONVERSE COM OS COLEGAS SOBRE O QUE MARIANA PODE FAZER COM ELES. REGISTRE SUA RESPOSTA.

O QUE FAZER COM O LIXO QUE É PRODUZIDO

JÚLIA FOI BRINCAR COM OS COLEGAS NA PRAÇA PERTO DE SUA CASA. MAS O LOCAL ESTAVA MUITO SUJO.

ENCONTRE O LIXO ESPALHADO E OS OBJETOS QUE PODEM SER REAPROVEITADOS E CIRCULE-OS.

RODA DE CONVERSA

PARA QUE O PAPEL É UTILIZADO?
O QUE VOCÊ FAZ COM O PAPEL DEPOIS DE USÁ-LO?

REUTILIZANDO MATERIAIS

VEJA O **BATE E VOLTA** QUE UMA PESSOA FEZ COM GARRAFAS PET USADAS.

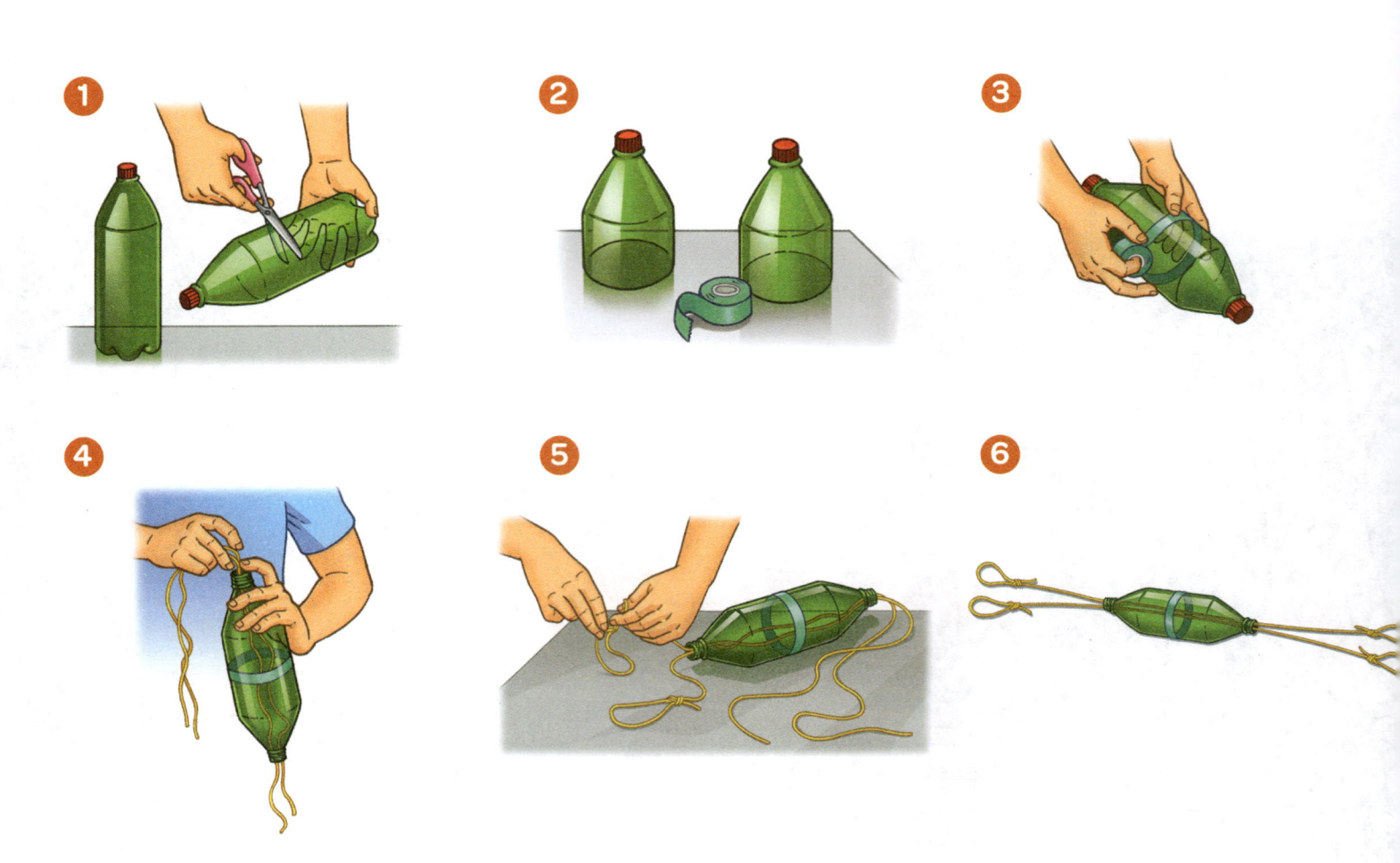

VOCÊ JÁ REUTILIZOU ALGUMA EMBALAGEM? REGISTRE O QUE FEZ.

18 TRANSFORMAR PAPEL

DIFERENTES MATERIAIS SÃO JOGADOS NO LIXO. O PAPEL É UM DESSES MATERIAIS.

TODOS OS PAPÉIS PODEM SER RECICLADOS?

FAÇA UMA PESQUISA PARA SABER QUAIS TIPOS DE PAPEL PODEM SER RECICLADOS.

PROCURE EM REVISTAS, RECORTE E COLE FIGURAS QUE MOSTREM TIPOS DE PAPEL QUE VOCÊ DESCOBRIU QUE PODEM SER RECICLADOS.

ATIVIDADE PRÁTICA

REAPROVEITAMENTO DE PAPEL

VOCÊ E SEUS AMIGOS VÃO REAPROVEITAR PAPEL COM A AJUDA DE SEU PROFESSOR.

DO QUE VOCÊS VÃO PRECISAR

FOLHAS DE PAPEL USADAS.

PREGADORES DE ROUPA.

COLA BRANCA.

PINCEL.

TESOURA.

LÁPIS DE COR.

ATIVIDADE PRÁTICA

COMO FAZER

1 DOBRE CADA FOLHA COMO REPRESENTADO NA IMAGEM.

2 DEIXE A PARTE BRANCA DA FOLHA VIRADA PARA CIMA E CORTE NAS MARCAS DAS DOBRAS.

3 JUNTE OS PEDAÇOS QUE FORAM RECORTADOS.

4 PASSE UM POUCO DE COLA COM O PINCEL EM UM DOS LADOS.

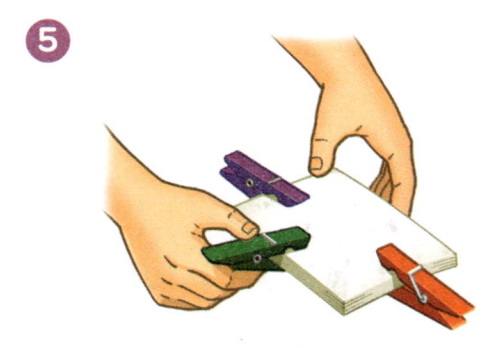

5 COLOQUE OS PREGADORES EM CIMA DO BLOCO E DOS LADOS DELE.

6 DEPOIS QUE A COLA SECAR, TIRE OS PREGADORES E É SÓ USAR O BLOCO!

REFLETINDO MAIS

DE BIKE É MAIS LEGAL!

CONHECER AS RUAS DA CIDADE DE BICICLETA PODE SER UMA IDEIA MUITO INTERESSANTE.

A CICLOFAIXA É O ESPAÇO MAIS ADEQUADO PARA ISSO.

PESSOAS QUE FAZEM O PERCURSO PARA A ESCOLA OU PARA O TRABALHO USANDO BICICLETAS COLABORAM COM O AMBIENTE, POIS AS BICICLETAS NÃO POLUEM O AR E PODEM SER USADAS PARA PASSEIOS, PRÁTICA DE ESPORTES E TRANSPORTE, DESDE QUE SEJAM TOMADOS TODOS OS CUIDADOS COM A SEGURANÇA DOS CICLISTAS.

REFLETINDO MAIS

PEDALAR COM SEGURANÇA!

PESQUISE QUAIS SÃO OS EQUIPAMENTOS NECESSÁRIOS PARA ESTE CICLISTA PASSEAR COM SEGURANÇA E COMPLETE A IMAGEM.

UNIDADE 4 — O MUNDO EM QUE VIVO

LUCIA BUCCINI. *VELHOS TEMPOS III*, 2011.

PRIMEIROS CONTATOS

- O QUE VOCÊ VÊ NESSA IMAGEM?
- VOCÊ COSTUMA VISITAR PARENTES QUE MORAM LONGE?

19 O QUE HÁ AO MEU REDOR

PODEMOS CONHECER OUTROS LOCAIS EM VIAGENS E PASSEIOS.

RODA DE CONVERSA

VOCÊ GOSTA DE CONHECER LOCAIS NOVOS? CONTE AOS COLEGAS QUE LOCAIS VOCÊ JÁ CONHECEU EM VIAGENS OU PASSEIOS.

LOCAIS DIFERENTES

COLE NO ESPAÇO A SEGUIR UMA FOTO OU RECORTE DE REVISTA IMAGEM DE UM LOCAL QUE VOCÊ CONHECEU.

CONHECENDO NOVOS AMBIENTES

HÁ LOCAIS MUITO DIFERENTES UNS DOS OUTROS. MARQUE COM UM X A IMAGEM QUE APRESENTA UM LOCAL QUE VOCÊ GOSTARIA DE CONHECER.

COMO SÃO ESSES LOCAIS?
VOCÊ CONHECE ALGUM LOCAL PARECIDO COM ESSES?

LOCAIS QUE QUERO CONHECER

SE VOCÊ PUDESSE CONHECER UM LOCAL DIFERENTE, COMO SERIA? REGISTRE O NOME DESSE LOCAL, FAÇA UM DESENHO E DEPOIS MOSTRE-O AOS SEUS COLEGAS.

JOGO DA VIAGEM

EM DUPLAS, DESTAQUEM OS CARRINHOS DA FICHA 1. INICIEM A PARTIDA JOGANDO UM DADO.

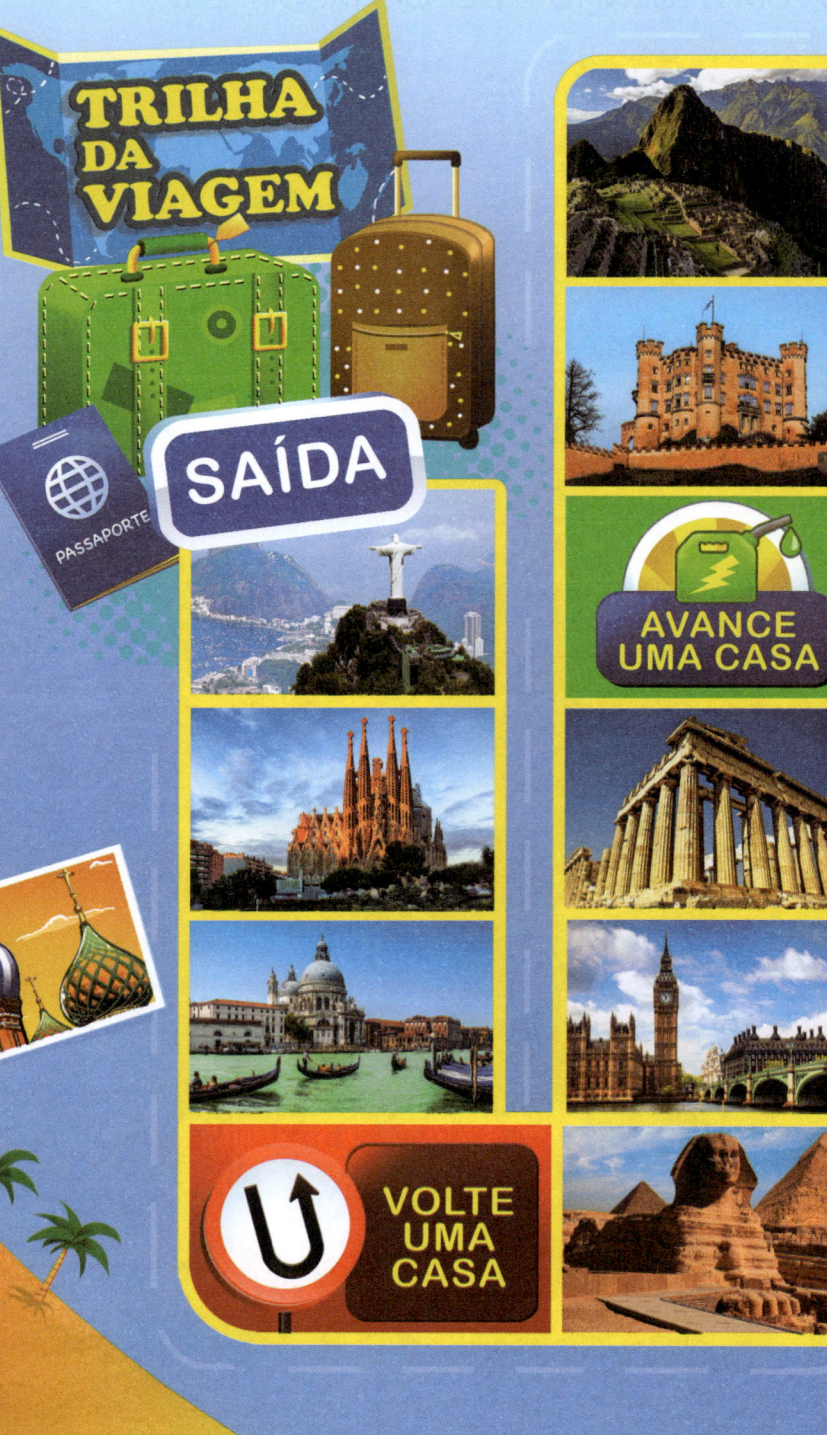

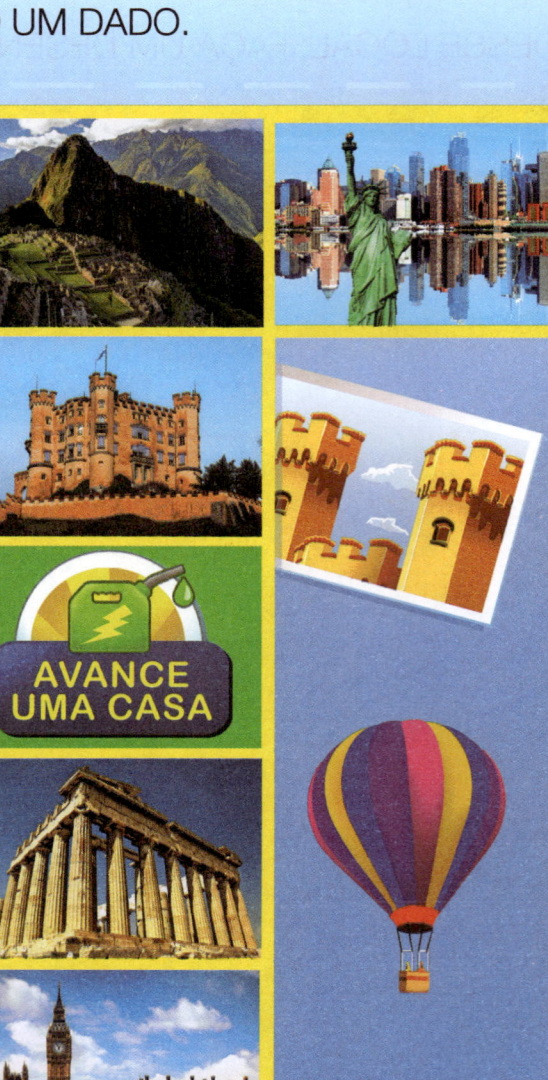

TRILHA DA VIAGEM

SAÍDA

AVANCE DUAS CASAS

AVANCE UMA CASA

ESPERE UMA RODADA

VOLTE UMA CASA

CHEGADA

20 DE UM LOCAL A OUTRO

PARA IR DE UM LOCAL A OUTRO E PARA TRANSPORTAR OBJETOS E MERCADORIAS, AS PESSOAS UTILIZAM MEIOS DE TRANSPORTE.

RODA DE CONVERSA

QUE MEIOS DE TRANSPORTE APARECEM NA IMAGEM?
QUE MEIO DE TRANSPORTE VOCÊ MAIS UTILIZA?

MEIOS DE TRANSPORTE

RECORTE DE JORNAIS OU REVISTAS UM TIPO DE TRANSPORTE, COLE E COMPLETE A PÁGINA COM DESENHOS PARA FORMAR UMA CENA.

POR ÁGUA, POR TERRA OU PELO AR

OS MEIOS DE TRANSPORTE PODEM SER AQUÁTICOS, TERRESTRES OU AÉREOS.

COLE OS ADESIVOS DA FICHA 9 SOBRE AS IMAGENS ABAIXO.

21 QUE ROUPA USAR?

REGISTRE POR QUE AS CRIANÇAS SE VESTIRAM ASSIM EM CADA CENA.

RODA DE CONVERSA

EM UM DIA QUENTE, AS PESSOAS USAM ROUPAS DIFERENTES DAS QUE USARIAM EM UM DIA FRIO. POR QUÊ?

VAMOS VESTIR A CRIANÇA?

DESTAQUE O MOLDE DO CORPO DE UMA CRIANÇA E AS ROUPAS DISPONÍVEIS NAS FICHAS 4 E 5. COM O MOLDE, FAÇA O CONTORNO DO CORPO NO ESPAÇO ABAIXO. DESENHE O ROSTO E OS CABELOS.

BRINQUE DE VESTIR O MOLDE COM AS ROUPAS MAIS ADEQUADAS PARA O DIA DE HOJE E, DEPOIS, COPIE NO SEU DESENHO A ROUPA QUE ESCOLHEU.

O QUE VESTIR EM UM DIA FRIO?

RAFAEL ACORDOU E PRECISA SE VESTIR PARA UM DIA FRIO. AJUDE-O CIRCULANDO AS ROUPAS ADEQUADAS.

O QUE LEVAREI EM MINHA MALA?

CAMILA VAI VIAJAR COM SUA FAMÍLIA PARA UM LOCAL MUITO QUENTE.

AJUDE-A A ARRUMAR A MALA COM ROUPAS ADEQUADAS. RECORTE-AS DE REVISTAS E COLE NA MALA.

ESCREVA O QUE MAIS PODERIA SER COLOCADO NESTA MALA.

22 DIA E NOITE

OUÇA A LEITURA DA LETRA DE UMA CANÇÃO.

O DIA E A NOITE

O DIA ME ACORDA
ABRINDO A JANELA
SUA CARA CONTENTE
 [VEM ME DESPERTAR
DEMORO UM POUQUINHO
 [E BEM DEVAGARINHO
EU ABRO MEUS BRAÇOS
 [PRO DIA CHEGAR [...]

A NOITE TÃO BELA
 [ENFEITA A JANELA
COM SUAS ESTRELAS
 [BOIANDO NO AR
EU FICO QUIETINHO,
EU QUERO UM CARINHO
E A NOITE ME ABRAÇA
 [PRA EU PODER SONHAR [...]

BIA BEDRAN. DISPONÍVEL EM: <HTTP://BIABEDRAN.COM.BR/MUSICAS/O-DIA-E-A-NOITE/991>. ACESSO EM: FEV. 2016.

RODA DE CONVERSA

CIRCULE DE AZUL A PALAVRA **DIA** E DE VERMELHO A PALAVRA **NOITE**.
VOCÊ GOSTA MAIS DO DIA OU DA NOITE? POR QUÊ?

ATIVIDADES DO DIA, ATIVIDADES DA NOITE

OBSERVE AS CENAS ABAIXO E COMPLETE-AS UTILIZANDO OS ADESIVOS DA FICHA 9. ESCREVA UMA ATIVIDADE QUE VOCÊ FAZ DURANTE O DIA E UMA QUE VOCÊ FAZ À NOITE.

DIA

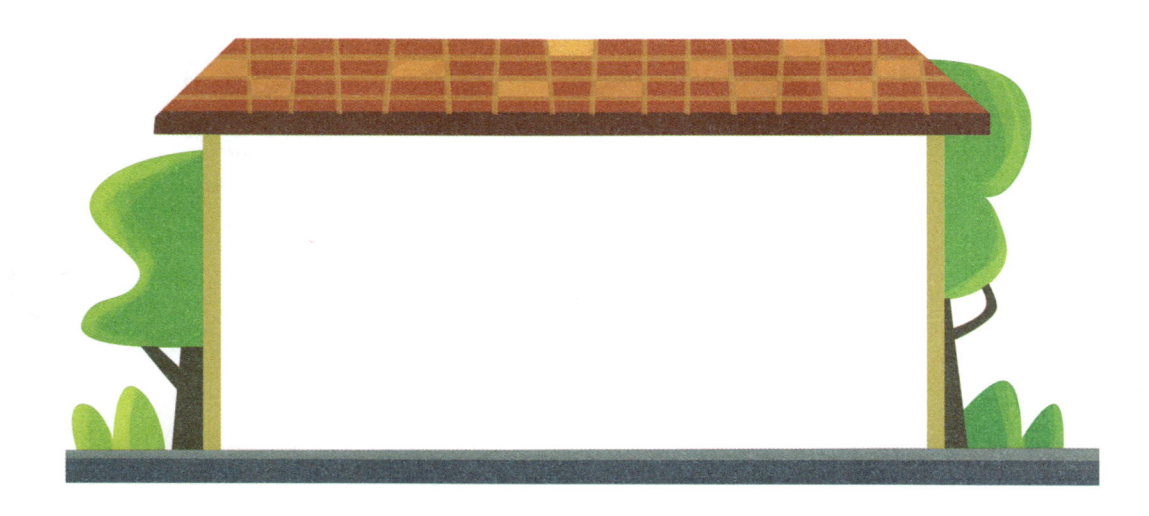

_____

_____

NOITE

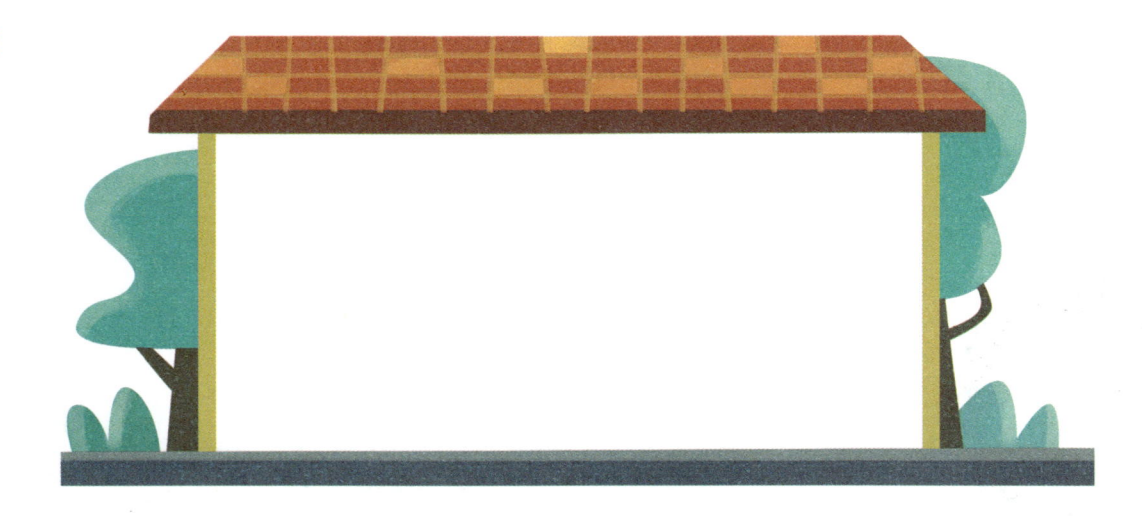

_____

_____

BRINCANDO COM SOMBRAS

DURANTE O DIA OU À NOITE PODEMOS VER SOMBRAS.
LAURA ESTÁ BRINCANDO DE FAZER SOMBRAS COM UMA LANTERNA.
LIGUE CADA SOMBRA AO OBJETO A QUE CORRESPONDE.

COMO VOCÊ DESCOBRIU QUAL É A SOMBRA DE CADA OBJETO?
ALÉM DA LUZ, O QUE MAIS É PRECISO PARA QUE UMA SOMBRA SE FORME?

SONHAR...

NA NOITE PASSADA, JOÃO SONHOU QUE ERA ASTRONAUTA! ILUSTRE O SONHO DE JOÃO.

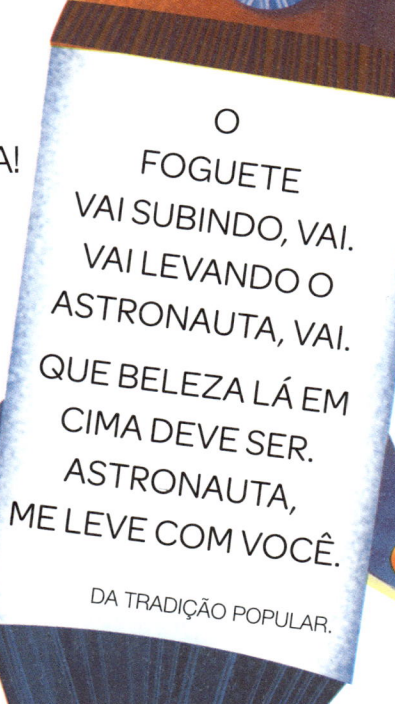

O FOGUETE VAI SUBINDO, VAI.
VAI LEVANDO O ASTRONAUTA, VAI.
QUE BELEZA LÁ EM CIMA DEVE SER.
ASTRONAUTA, ME LEVE COM VOCÊ.

DA TRADIÇÃO POPULAR.

23 O LUGAR ONDE VIVEMOS

OUÇA A LEITURA DE UM TEXTO QUE FALA SOBRE O LUGAR ONDE TODOS NÓS VIVEMOS.

ESTE É O PLANETA TERRA.
DE LONGE ELE É ASSIM: AZUL E LINDO.
É AQUI QUE NÓS MORAMOS. E É AQUI QUE VAMOS MORAR PARA SEMPRE. [...]
MAS, PARA QUE A TERRA CONTINUE A NOS DAR TUDO AQUILO DE QUE PRECISAMOS PARA VIVER, TEMOS QUE CUIDAR DELA COMO CUIDAMOS DE NOSSA PRÓPRIA CASA.
E MELHOR AINDA. POIS DA NOSSA CASA NÓS PODEMOS NOS MUDAR, DA TERRA NÃO.
[...]

RUTH ROCHA E OTÁVIO ROTH. *AZUL E LINDO*: PLANETA TERRA, NOSSA CASA. SÃO PAULO: SALAMANDRA, 1990.

RODA DE CONVERSA

VOCÊ JÁ OUVIU FALAR QUE O PLANETA ONDE MORAMOS É A TERRA?

O PLANETA EM QUE NÓS VIVEMOS

RECORTE DE JORNAIS OU REVISTAS IMAGENS QUE REPRESENTAM SERES E LOCAIS DO PLANETA TERRA. COLE-AS E MOSTRE PARA SEUS COLEGAS.

SE EU PUDESSE...

O QUE VOCÊ GOSTARIA DE MUDAR NO PLANETA TERRA, SE FOSSE POSSÍVEL? CONVERSE COM SEUS COLEGAS E REGISTRE.

_____

_____

_____

_____

MEU TEMPO, MEU LUGAR

MEU PLANETA

ESTE É O PLANETA TERRA VISTO DO ESPAÇO.

QUE CORES VOCÊ IDENTIFICA NESSA IMAGEM?
O QUE ELAS REPRESENTAM?

MEU TEMPO, MEU LUGAR

NOSSO VIZINHO, O SOL

O SOL É MUITO IMPORTANTE PARA NÓS. É ELE QUE AQUECE E ILUMINA A TERRA.

REPRESENTE EM UM DESENHO A IMPORTÂNCIA DO SOL PARA A VIDA NA TERRA. ESCREVA UMA FRASE EXPLICANDO SEU DESENHO.

_____

_____

_____

24 CHUVA

AS NUVENS SÃO FORMADAS POR GOTINHAS DE ÁGUA.

ESSAS GOTAS VÃO SE JUNTANDO E FICANDO MAIORES.

QUANDO ESTÃO GRANDES, AS GOTAS CAEM NA FORMA DE CHUVA.

O GUARDA-CHUVA E A CAPA PODEM SER USADOS NOS DIAS DE CHUVA PARA NÃO NOS MOLHARMOS.

RODA DE CONVERSA

POR QUE A CHUVA É IMPORTANTE?

A CHUVA NA NATUREZA

VOCÊ CONHECE ESTA CANÇÃO? FAÇA UM DESENHO PARA ILUSTRÁ-LA.

AS FLORES JÁ NÃO CRESCEM MAIS

Ô, TRA LÁ LÁ LÁ LÁ, Ô
Ô, TRA LÁ LÁ LÁ LÁ, Ô
Ô, TRA LÁ LÁ LÁ LÁ
Ô, TRA LÁ LÁ LÁ LÁ
Ô, TRA LÁ LÁ LÁ LÁ, Ô.

AS FLORES JÁ NÃO CRESCEM MAIS
ATÉ O ALECRIM MURCHOU
O SAPO SE MANDOU
O LAMBARI MORREU,
PORQUE O RIBEIRÃO SECOU!

DA TRADIÇÃO POPULAR.

O QUE ACONTECEU COM O RIBEIRÃO?

E SE CHOVESSE? COMO AS PLANTAS E OS ANIMAIS DO RIBEIRÃO FICARIAM? DESENHE NO ESPAÇO A SEGUIR.

ATIVIDADE PRÁTICA

PLANTANDO FEIJÃO

VOCÊ E SEUS COLEGAS VÃO PLANTAR FEIJÃO E, DEPOIS, CONVERSAR SOBRE O QUE OBSERVARAM.

DO QUE VOCÊS VÃO PRECISAR

- ALGODÃO.
- ÁGUA. 
- SAQUINHO PLÁSTICO COM FECHO HERMÉTICO.
- GRÃOS DE FEIJÃO.
- FITA ADESIVA. 

COMO FAZER

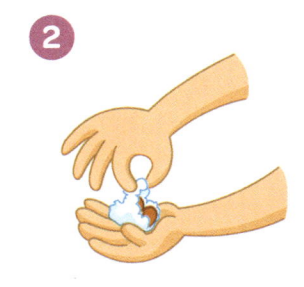

1.
2.
3.
4.
5.
6.

ATIVIDADE PRÁTICA

ANOTANDO OS RESULTADOS

OBSERVE E REGISTRE AS MODIFICAÇÕES QUE VOCÊ PERCEBER.

REFLETINDO MAIS

QUE TAL VOCÊ E SEUS COLEGAS CRIAREM UMA HISTÓRIA PARA BRINCAR DE TEATRO DE SOMBRAS?

DO QUE VOCÊS VÃO PRECISAR

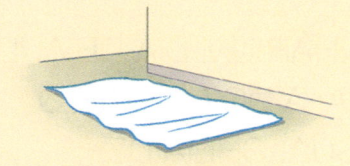

UMA PAREDE BRANCA OU UM LENÇOL BRANCO.

LANTERNA.

FIGURAS PESQUISADAS NA INTERNET E IMPRESSAS.

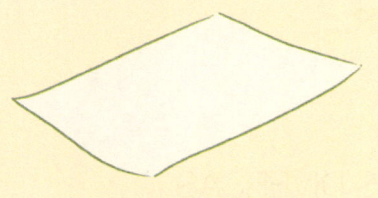

CARTOLINA.

COLA EM BASTÃO E FITA ADESIVA.

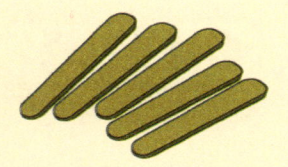

PALITOS DE SORVETE.

COMO FAZER

1 COLEM AS FIGURAS QUE IMPRIMIRAM NA CARTOLINA E RECORTEM.

2 USEM A FITA ADESIVA PARA FIXAR CADA FIGURA EM UM PALITO DE SORVETE.

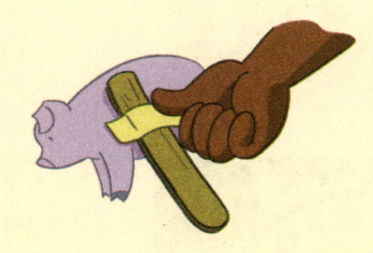

3 SE NECESSÁRIO, O PROFESSOR VAI PRENDER O LENÇOL EM UMA DAS PAREDES E ESCURECER A SALA DE AULA.

4 PARA PRODUZIR AS SOMBRAS, ILUMINEM AS FIGURAS COM A LANTERNA. AS SOMBRAS DEVEM SER PROJETADAS NA PAREDE OU NO LENÇOL.

DE LEITOR PARA LEITOR

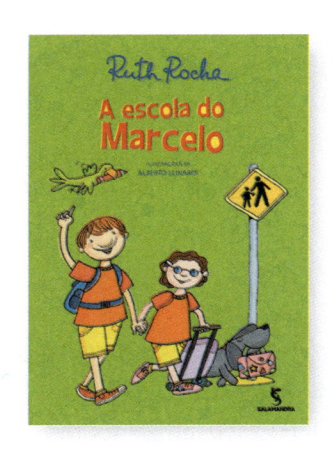

● A ESCOLA DO MARCELO

RUTH ROCHA
SALAMANDRA

NESTE LIVRO, VOCÊ VAI ACOMPANHAR UM DIA DE AULA EM UMA ESCOLA MUITO DIVERTIDA: A DO MARCELO. TOMARA QUE ELA SEJA COMO A SUA, CHEIA DE AMIGOS E ATIVIDADES INTERESSANTES PARA FAZER.

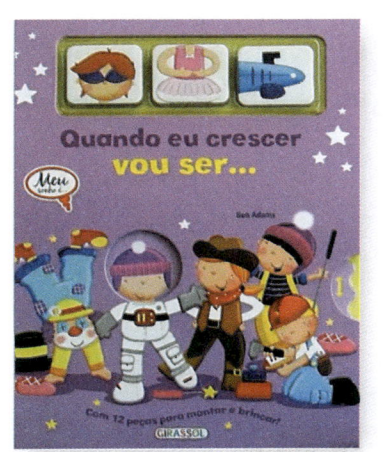

● QUANDO EU CRESCER, VOU SER...

BEN ADAMS
GIRASSOL

VOCÊ PODERÁ IMAGINAR AS MAIS DIVERSAS PROFISSÕES AO LER ESTE LIVRO, E TAMBÉM CONHECER MUITOS LOCAIS DIFERENTES DO MUNDO.

● O TRÂNSITO NO MUNDINHO

INGRID BIESEMEYER BELLINGHAUSEN
DCL

NESTE LIVRO, VOCÊ VAI CONHECER ALGUMAS LEIS DE TRÂNSITO E A IMPORTÂNCIA DE RESPEITAR E CUMPRIR ESSAS LEIS.

● O NASCIMENTO DO UNIVERSO

JUDITH NURIA MAIDA
ÁTICA

POR MEIO DO TEXTO E DAS BELAS ILUSTRAÇÕES, NESTE LIVRO VOCÊ VAI CONHECER UM POUCO SOBRE A ORIGEM DO UNIVERSO.